자두의 백점 일기장

자두의 백점 일기장

2016년 9월 20일 초판 1쇄 발행
2022년 10월 30일 초판 4쇄 발행

글 | 권영미
그림 | 장여회

발행인 | 정동훈
편집인 | 여영아
편집 | 김지현, 김학림, 김상범, 김지수, 변지현
디자인 | 장현순
제작 | 김종훈
발행처 | ㈜학산문화사
등록 | 1995년 7월 1일 제3-632호
주소 | 서울 동작구 상도로 282 학산빌딩
전화 | 편집 문의 02-828-8873 영업 문의 02-828-8962
팩스 | 02-823-5109
홈페이지 | www.haksanpub.co.kr

ⓒ이빈, 권영미, 장여회 2016
ISBN 979-11-256-5793-4 74330
   979-11-256-4573-3 (세트)

※이 책은 저작권법에 따라 한국 내에서 보호받는 저작물이므로 무단 전재와 무단 복제를 금합니다.
   이 책의 전부 또는 일부를 이용하려면 반드시 저작권자와 출판사의 동의를 받아야 합니다.
※잘못된 책은 바꾸어 드립니다.

공부 잘하는 비밀을 알려 줄게요!

친구들! 공부 잘하고 싶지요? 공부가 하기 싫은 친구는 있어도 공부를 못하고 싶은 친구는 아마 없을 거예요.
그런데 공부라는 말만 들어도 머리가 아프고, 가슴이 답답해지고, 어디론가 도망치고 싶은 친구가 있을 거예요.
1, 2학년 때에는 공부를 곧잘 하던 친구들도, 학년이 올라갈수록 공부가 싫어지고 지겨워지는 친구들도 있고요.
공부를 조금만 해도 공부를 잘할 수 있는 방법은 없을까요?
책을 한 번만 읽어도 머릿속에 쏙쏙 박혀서 절대 잊어버리지 않는 방법은 없을까요? 안타깝지만, 그런 방법은 없답니다.
어떤 친구는 "저는요, 머리가 나빠요. 아무리 해도 안 돼요."라면서 고민하기도 할 거예요. 그런데 머리가 나빠서 공부를 못하는 사람은 이 세상에 거의 없어요.

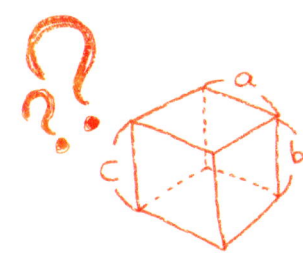
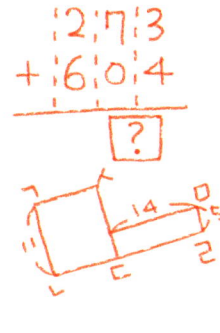

공부를 잘하려면 '공부하는 습관'을 만들어야 해요.

처음에는 힘들 거예요. 그런데 꾹 참고 이겨내야 공부를

잘하는 능력이 생긴답니다. 참고 견디는 마음이 없이는,

결코 공부를 잘할 수가 없어요.

공부라는 것은 단지 백 점을 맞기 위해서 하는 게 아니에요.

공부는 세상을 보는 지혜로운 눈을 키워 주고,

새로운 생각을 하는 능력을 생기게 해 줘요.

여러분이 꿈을 이루려면 공부하는 능력이 꼭 필요합니다.

그러므로 오늘 이 순간부터 참고 견디는 마음으로

공부하는 습관을 만들어 보세요.

여러분도 모르게 어느 순간, 스르륵 공부를 잘하게 될 겁니다.

백점 1 공부하는 이유 깨닫기

엄만 날마다 "공부해!"라는 말밖에 몰라? ★8

백점 2 국어 공부 잘하는 법

말만 잘하면 됐지! ★16

백점 3 수학 공부가 좋아지는 법

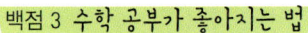

대체 수학은 누가 만든걸까? ★24

백점 4 만점 수학 맞는 법 민지는 수학왕 ★32

백점 5 사회 공부 잘하는 법

동네 자랑 잔치가 열렸네! ★40

백점 6 과학 공부 잘하는 법

병뚜껑 찾기 대소동 ★48

백점 7 과학 영재 되는 법

돌돌이의 사랑스러운 애완곤충 ★56

백점 8 외국인처럼 영어 잘하는 법

나도 미국에 가고 싶어! ★64

백점 9 뭐든지 자신 있다! 자신감 키우기

이번엔 백점 맞을 테다! ★72

백점 10 불타는 집중력 키우기

공부만 하려고 하면 엉덩이가 들썩들썩 ★80

백점 11 하루도 안 하면 못 배겨! 공부 습관들이기

나중에, 제발 나중에! ★88

백점 12 혼자서 공부 잘하는 법

엄마 친구 아들이 공부하는 방법 ★96

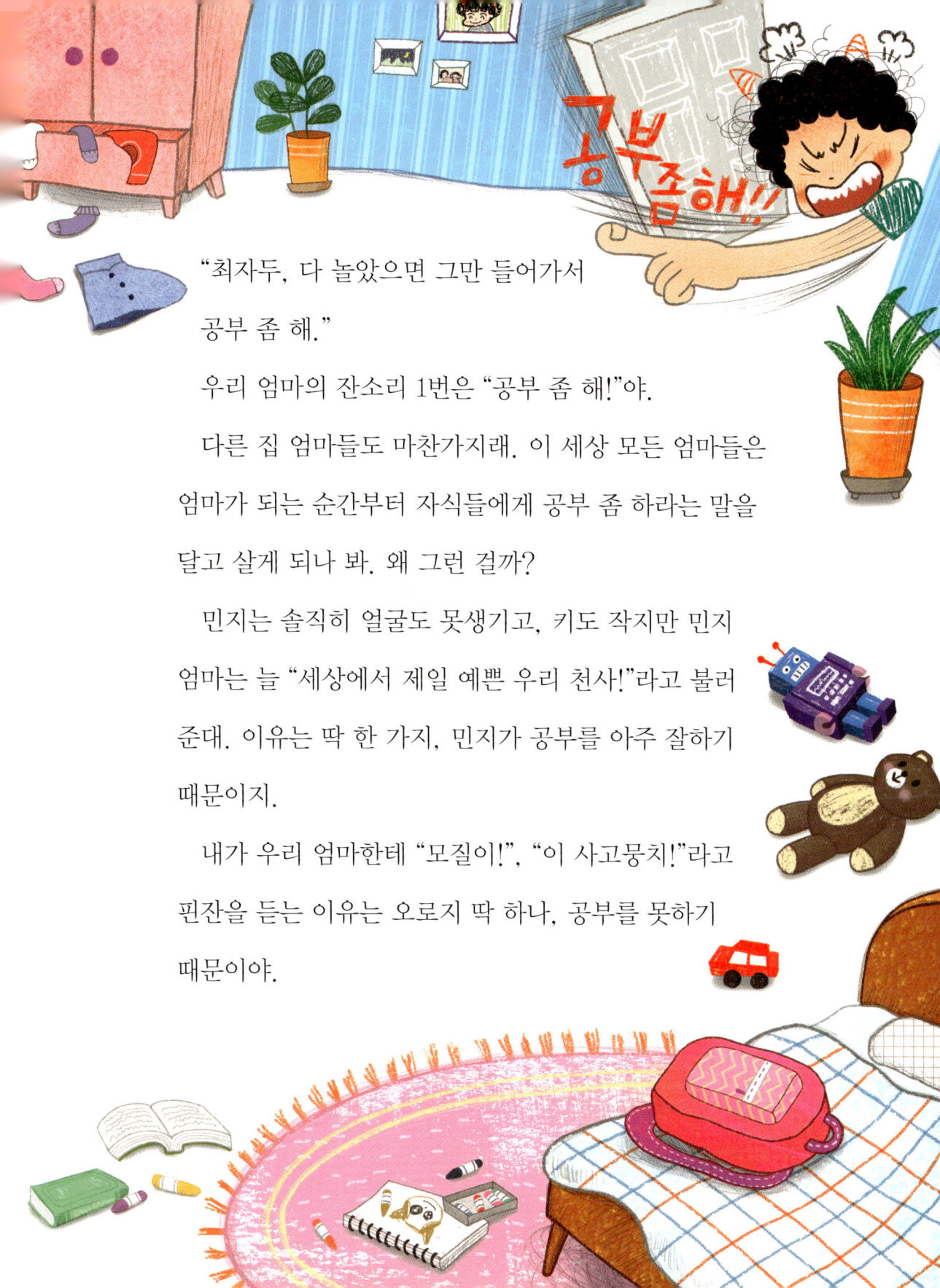

"최자두, 다 놀았으면 그만 들어가서 공부 좀 해."

우리 엄마의 잔소리 1번은 "공부 좀 해!"야.

다른 집 엄마들도 마찬가지래. 이 세상 모든 엄마들은 엄마가 되는 순간부터 자식들에게 공부 좀 하라는 말을 달고 살게 되나 봐. 왜 그런 걸까?

민지는 솔직히 얼굴도 못생기고, 키도 작지만 민지 엄마는 늘 "세상에서 제일 예쁜 우리 천사!"라고 불러 준대. 이유는 딱 한 가지, 민지가 공부를 아주 잘하기 때문이지.

내가 우리 엄마한테 "모질이!", "이 사고뭉치!"라고 핀잔을 듣는 이유는 오로지 딱 하나, 공부를 못하기 때문이야.

그날도 난 엄마한테 수학 시험 성적이 이게 뭐냐며 혼이 났어.

"계속 틀린 문제를 왜 자꾸 틀리는 거야? 넌 복습이란 걸 안 하니?"

엄마가 방문을 쾅 닫고 나가면서 "뭐해? 어서 공부하지 않고!"라고 소리치지 뭐야. 그 순간 가슴에서 뭔가 울컥하고 튀어나오는 것만 같았어. 그동안 꾹꾹 참았던 설움이 목구멍 밖으로 튀어나왔던 거야.

"그렇게 공부 잘하는 딸이 좋으면 나는 왜 낳았어? 차라리 공부 잘하는 민지를 딸로 낳지 그랬어?"

엄마가 어이없다는 표정으로 나를 쳐다봤어.

나는 눈물을 뚝뚝 흘리며 엄마를 향해 소리쳤지.

"누군 공부를 못하고 싶어서 못하는 줄 알아?

공부가 재미없으니까 못하는 거지. 공부가

오락처럼 재미있으면 나도 맨날 수학 시험

백 점 맞고, 일등 했을 거라고!"

"자두야, 이 세상에 공부가 오락처럼 재미있는 사람이 어디 있어?"

"민지는 공부가 재미있으니까 하는 거겠지!"

"휴, 사람은 누구나 공부를 싫어해. 만약 공부가 재미있으면 누군들 못하는 사람이 있겠니? 다 재미없고, 힘들어한다고. 하지만 그걸 꾹 참고 열심히 해낸 사람만 훌륭해질 수 있는 거야."

엄마는 내 머리를 쓰다듬으며 계속 말씀하셨지.

"자두야, 엄마도 공부하는 거 싫어했어. 하지만 그걸 싫다고 안 했더니 이렇게 자랑할 것 하나 없는 어른이 되고 말았지 뭐야. 그래서 엄만 우리 딸만큼은 자랑할 것도 많고, 남들 앞에서 잘나 보이는 어른이 되었으면 하는 거야."

9월 19일 월요일 | 날씨 엄마에게서 찬바람이 분 날

엄마가 자꾸 공부 좀 하라며 잔소리를 했다. 나는 공부하는 게 너무 싫다. 책만 보면 잠이 오고, 책만 보면 자꾸 딴짓이 하고 싶어진다. 엄마는 내가 공부를 안 하고 놀 때마다 "너, 그렇게 놀다가 나중에 커서 뭐가 되려고 그러니?"라고 묻는데, 나는 꿈이랑 공부랑 무슨 상관이 있는 건지 도무지 모르겠다.

자두야, 사람이 공부를 하는 이유는 꿈을 이루기 위해서란다.

선생님, 저는 꿈이 없는데 꼭 공부를 해야 하나요?

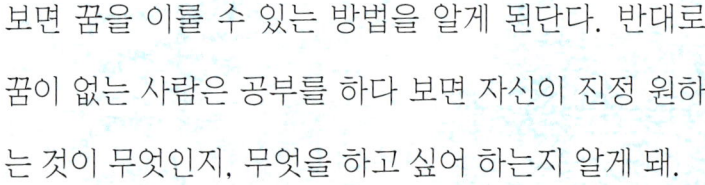

꿈이 있는 사람은 공부를 하다 보면 꿈을 이룰 수 있는 방법을 알게 된단다. 반대로 꿈이 없는 사람은 공부를 하다 보면 자신이 진정 원하는 것이 무엇인지, 무엇을 하고 싶어 하는지 알게 돼.

공부를 하면 꿈이 생기는 거지. 딱딱하고 재미없는 공부가 어떻게 꿈을 알게 해 주고, 나아갈 길을 알려 주냐고? 그건 공부는 인생의 나침반 같은 것이기 때문이란다.

이렇게 생각해 보렴. 공부는 너희가 인생이란 길을 걸어갈 때 길을 잃지 않도록 도와주고, 이끌어 주는 나침반이라고. 왜냐고? 세상을 잘 살려면 지혜와 지식이

 필요해. 지혜롭지 못하고 무식하면 세상을 현명하게 살 수가 없어. 공부를 해야만 그런 지혜와 지식을 얻을 수 있는 거야. 공부를 하다 보면 내가 무엇을 좋아하는지, 내가 무엇을 싫어하는지, 또 어떤 점이 부족한지 깨달을 수 있지.

 바로 이런 이유 때문에 어른들은 너희에게 공부를 계속해야 한다고 강조하는 거야. 물론, 사람들 가운데는 자기 꿈을 일찍부터 이룬 사람도 있을 거야. 그런 사람들이라고 해서 공부를 멈추는 건 아니란다. 자기 꿈을 일찍 이룬 사람일수록 더 열심히 공부한단다. 더 크고, 멋진 꿈을 이루기 위해 노력하는 거지.

"윤석아, 청소 시간에 왜 너만 빈둥거리는 거야?"

민지가 윤석이한테 따져 묻더라.

"뭐, 어쩌라고? 난 집에서도 청소 같은 거 안 해."

순간 민지의 얼굴이 붉으락푸르락해졌어.

"그래도 학교에선 해야지!"

"싫어, 안 할 거야."

윤석이는 약 올리듯 혀를 쏙 내밀었어. 그러고는 책상에 걸터앉은 채로 콧노래를 휘휘 불렀어.

"너, 정말!"

결국 민지는 울음을 터뜨리고 말더라.

하지만 누구도 나서서 윤석이와 싸우려고 하지 않았어. 그도 그럴 것이 윤석이는 말을 무척 잘하기 때문에 도저히 당할 수가 없거든. 말을 주고받다 보면 어느새 그물에 걸린 것처럼 허우적대게 돼.

'이럴 때 정의의 최자두가 가만히 있을 순 없지!'

나는 팔짱을 끼고 앞으로 걸어 나왔어. 윤석이가 무슨 일이냐는 듯 나를 힐끗 보았어. 나는 윤석이를 향해 따끔하게 소리쳤지.

"넌 우리 반 학생 아니야?"

"맞지."

"그런데 왜 반을 위해서 희생하지 않으려는 거야?"

윤석이가 "내가 뭘!"이라며 가슴을 쭉 펴고 턱을 내밀었어.

"너도 이 교실에서 생활하는 학생이니까 당연히 청소를 해야 하는 거잖아. 우린 청소가 좋아서 하는 줄 아니? 다 같이 쓰는 교실이니까 하는 거라고."
내 말에 여자애들이 박수를 쳤어.
"자두, 파이팅!"
윤석이는 당황해서 고개를 돌렸어. 나는 이 틈을 놓칠세라, 더 또박또박 강한 말투로 따지듯 말했지.
"야, 몇 번을 이야기해. 너도 우리 반 학생이니까

당연히 청소를 해야 한다고."

내 말에 윤석이는 어깨를 움츠리고 말더라. 여자애들이 나를 향해 "자두야, 말 정말 잘한다!", "최고야!"라고 응원을 아끼지 않았어.

그런데 갑자기 윤석이가 버럭 소리치지 뭐야.

"자두가 말을 잘한다고? 최자두는 받아쓰기도 못해! 국어도 못하고!"

"그거랑 말이랑 무슨 상관이야?"

"국어를 못하는데 어떻게 말을 잘할 수 있어? 말이 곧 국어잖아. 그러니까 네가 말을 잘한다는 건 억지야, 억지!"

나는 억울했지만 뭐라고 대꾸해야 좋을지 생각해 낼 수가 없었어.

9월 21일 수요일 | 날씨 더위는 아직 물러날 생각이 없나 보다.

할머니께서 내게 말을 참 조리 있게 잘한다고 칭찬해 주셨다. 하지만 나는 속으로 '말은 잘하지만 국어는 잘 못하는데.' 하고 생각했다. 나는 차라리 국어를 잘하지만 말은 잘 못했으면 좋겠다. 그러면 날마다 시험에 백 점을 맞을 수 있을 것이다. 엄마한테 칭찬도 받고, 맛있는 것도 언제든 먹을 수 있을 것이다.

말을 잘한다는 건 그만큼 국어를 잘한다는 뜻이야. 그러니 조금만 더 열심히 하자!

말만 잘하면 됐지 국어 공부까지 잘해야 하나요?

　우리가 국어를 배우는 까닭은 다른 과목을 좀 더 쉽게 공부하기 위해서란다. 국어를 잘해야 다른 과목을 잘할 수 있거든. 국어는 모든 공부의 기본이란다. 사회도, 수학도, 과학도 모두 문제가 우리말로 되어 있잖니. 그러니까 국어를 열심히 공부해야 하는 까닭은 다른 과목을 더 잘하기 위해서란다.

　간혹 말은 무척 잘하는데 국어 성적이 형편없는 아이들이 있을 거야. 국어는 말하기와 듣기, 읽기와 쓰기로 이뤄져 있는 과목이야. 말을 잘하는 친구들은 말하기 실력은 뛰어나지만 듣기라든지 읽기, 쓰기 실

력이 조금 부족한 편이기 때문에 성적이 낮은 것이지. 그러니까 자기에게 부족한 점이 무엇인지 찾아보고, 그것을 보충해 준다면 국어 실력이 놀랄 만큼 좋아지게 될 거야.

만약 국어 공부가 어렵고, 부담스럽다면 이렇게 생각해 보는 건 어떨까?

'난 지금 국어를 공부하는 게 아니라 수학을 좀 더 잘하기 위해서 공부하고 있는 거야.' 혹은 '내가 영어를 잘하려면 국어 공부가 꼭 필요해!'라고 말이야. 이렇게 마음을 바꾸면 좀 더 쉽게 느껴질 거야.

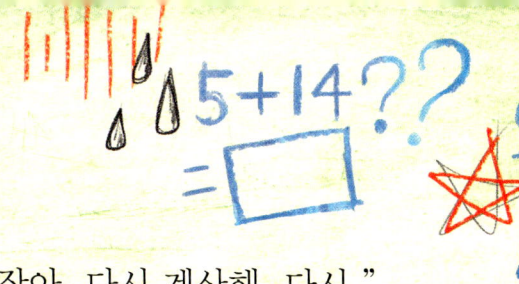

"그게 아니잖아. 다시 계산해, 다시."

엄마가 책상을 탁탁 쳤어. 나는 눈치를 살피다가 정답을 지우개로 박박 지웠어.

"자두야, 수학 문제를 풀 때 가장 중요한 건 침착함이라고 했잖아."

엄마는 침착하게 계산을 하라고 했어. 하지만 나는 긴장이 돼서 아는 답도 제대로 쓸 수가 없었어.

나는 슬그머니 정답 칸에다가 숫자 22를 썼어. 그러자 엄마의 한탄이 터져 나왔지.

"휴, 자두야, 8+15가 왜 22이라는 거니? 이건 유치원생들도 풀 수 있는 문제라고. 넌 모르는 게 아니라 대충하기 때문에 실수를 저지르는 거야!"

엄마는 버럭 소리를 질렀어.

"조금 있다가 다시 하자."

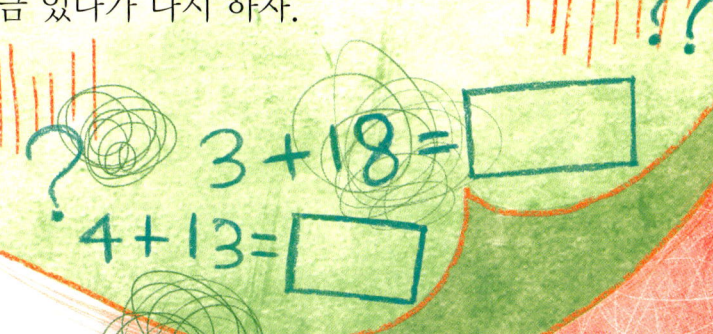

엄마가 씩씩거리며 밖으로 나갔어.

대체 수학은 누가 만든 걸까?

그날 저녁, 나는 미미와 함께 엄마의 방문 앞에 나란히 섰어. 우리는 손바닥을 가지런히 모아서 쭉 내밀었어. 한 푼 줍쇼, 하는 자세로. 그러자 엄마가 헛웃음을 쳤어.

"다른 건 다 깜빡하고 잊어버리면서 용돈 받는 날은 어쩜 그렇게 잘 기억하는 건지!"

"매주 목요일마다 용돈을 주겠다고 약속했잖아."

"자, 미미는 3,000원. 그리고 자두는 지난주에 1,200원을 빌려 썼으니까 1,500원만 주면 되는 거지?"

엄마의 말에 나는 버럭 소리쳤다.

"왜 1,500원이야? 1,800원 줘야지!"

"어머, 계산이 그렇게 되나?"

"엄마는 수학도 못해? 1,500원 더하기 1,200원은 2,700원이잖아. 300원이 모자라!"

"정말 그러네. 미안, 엄마가 잘못 계산했어."

엄마는 300원을 더 꺼내 주었지. 나는 속으로 하마터면 용돈을 300원이나 적게 받을 뻔했다며 한숨을 내쉬었어. 그런데 그 모습을 본 엄마가 빙그레 웃지 뭐야. 나는 불안한 표정으로 눈을 말똥거렸어.

"엄마, 왜 그렇게 봐?"

"용돈 계산은 이렇게 잘하는 애가 수학 문제는 왜 그렇게 못 푸는 건지 신기하단 말이야."

"그건…… 수학 문제는 문제고, 용돈은 나한테 꼭 필요한 거니까 그렇지."

"이 세상에 수학이 생기게 된 건 모든 계산을 편리하게 하기 위해서야. 자두, 네가 그렇게 싫어하는 수학은 지금 같은 일이 생겼을 때 실수하지 말고 정확하게 계산하기 위해서 있는 거라고."

9월 27일 화요일 | 날씨 하늘에도 내 학습지에도 비가 내린 날

더하기, 빼기, 곱하기, 나누기……. 으악! 수학 문제집을 풀다 보면 머리가 지끈지끈 아파온다. 계산기를 누르면 쉽게 정답을 알아낼 수 있는데 왜 힘들게 직접 풀어야 되는 건지 모르겠다. 문제를 풀 때마다 헷갈리고 짜증이 난다. 난 수학이 정말 싫다.

자두야, 수학은 기본을 튼튼히 하면 할수록 실력이 좋아진단다.

더하기나 빼기는 계산기만 있으면 얼마든지 답을 구할 수 있는데 왜 공부를 하는 거죠?

더하기, 빼기가 헷갈린다고? 나누기, 곱하기는 어려워서 머리가 지끈거린다고? 수학을 공부할 때 사칙연산을 계속해서 배우는 이유가 뭔지 모르겠다며 투덜대는 아이들이 있지. 계산기로도 충분히 답을 구할 수 있는 것인데, 왜 따로 공부를 해야 하는 건지 모르겠다는 생각도 할 수 있어.

사칙연산을 반복해서 배우는 이유는 수학의 기본이기 때문이란다. 사칙연산 문제를 열심히 풀다 보면 수학의 기본이 튼튼해져서 더 어려운 문제도 풀 수 있게 된단다.

아기는 걷기 전에 아장아장 기어 다니지. 그다음엔

두 발로 서서 무언가를 붙잡아야만 한 걸음, 한 걸음을 뗄 수 있게 돼. 사칙연산은 걷기 위한 단계나 마찬가지라고 생각하면 돼. 사칙연산만 잘 해내면 더 어려운 수학 문제도 술술 풀 수 있게 된단다.

하지만 만약 이걸 제대로 풀지 못 하면 학교에 다니는 내내 수학은 지겹고 힘든 과목이 되고 말겠지. 겨우 초등학교 수학을 포기해 버린다면 중학교, 고등학교에 가서도 수학을 제대로 할 수 없게 될 거야.

부피 구하기, 넓이 구하기처럼 복잡한 문제가 잘 풀리지 않는다면 사칙연산 문제부터 차근차근 다시 풀어 보도록 해. 그러면 나중에 수학의 기본이 튼튼해져서 복잡하고 어려운 문제도 쉽게 풀 수 있게 된단다.

"238+427은?"

"665!"

"761+123은?"

"음, 884!"

민지가 척척 대답하자 아이들의 입에서 탄성이 터져 나왔어. 민지는 머릿속으로 계산기를 두드리기라도 하듯 막힘없이 술술 계산을 했지. 그 모습을 본 아이들은 엄지를 치켜세우며 "천재야!", "수학왕이야, 수학왕!" 하고 소리쳤어.

그 모습이 어찌나 부럽던지! 모든 아이들이 우러러본다는 건 어떤 기분일까? 아마 공주가 된 것보다 더 황홀하고 달콤하겠지? 그래서 나도 결심했어!

"좋아, 나도 민지처럼 수학왕이 되고 말 테다!"

하지만 수학왕의 길은 생각처럼 만만치 않더라. 방금

전에 정답을 맞힌 문제도 헷갈리는 게 수학이란 말이야!

'민지가 혹시 머릿속에 계산할 수 있는 앱 같은 걸 숨겨 둔 게 아닐까?'

아니, 만약 그런 게 아니라면 민지에겐 초능력이 있는 것일지도 모르겠어. 길을 가다가 우연히 번개를 맞았는데 그날 이후부터 놀라운 수학 계산 능력이 생겼다거나, 외계인에게 납치되어서 이상한 능력을 갖게 되었을지도 모르잖아.

'틀림없이 뭔가 비밀이

있을 거야!'

때마침 민지가 수학 공부를 하려는 듯했어. 나는 민지의 비밀을 알아내려고 두 눈에 힘을 팍 주었어.

"에이, 또 틀렸네. 이 문제는 자꾸 틀리게 되네……."

민지는 이렇게 중얼거리면서 공책에다 뭔가 적기 시작했어. 나는 목을 쭉 내빼고 민지가 무얼 적는 것인지 살폈어. 민지는 틀린 문제를 공책에다 쓰고 있었어.

'아니, 틀린 문제는 왜 쓰는 거지?'

나는 침을 꿀꺽 삼키며 민지를 쳐다봤지.

'마법의 주문이 뭐야, 뭐냐고! 나도 알려 줘!'

나는 손에 힘을 꽉 주고서 민지의 공책을 훔쳐보았어. 그런데 공책에는 주문이 없더라. 대신 민지가 틀린 문제들이 빼곡하게 쓰여 있었어.

"민지야, 지금 뭐하는 거야?"

"어? 틀린 문제랑 친해지는 중이야. 이렇게 계속해서 풀다 보면 틀린 문제를 다시 틀리지 않게 되거든. 틀렸다고 속상해서 문제를 제대로 살펴보지 않으면 같은 실수를 반복하게 되더라고."

순간, 김이 픽 새어 나가는 기분이 들었어. 그토록 궁금했던 민지 수학 실력의 비밀이 오로지 열심히 공부하는 것일 뿐이라니!

9월 30일 금요일 | 날씨 구름이 온통 하늘을 가린 날

수학을 아주 잘하는 민지한테는 아주 특별한 공책이 있다. <실수하지 않게 만들어 주는 공책>이라고 한다. 나는 그 공책에 무엇이 쓰였는지 보고 싶었다. 하지만 민지는 보여 주지 않았다. 아무래도 엄청난 비밀이 쓰여 있기 때문인 것 같다. 다음엔 민지 몰래 공책을 훔쳐봐야겠다.

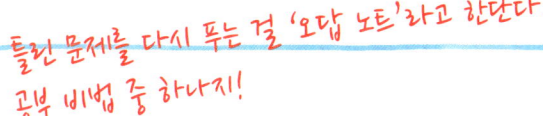

틀린 문제를 다시 푸는 걸 '오답 노트'라고 한단다. 공부 비법 중 하나지!

한 번 틀린 문제는 자꾸 틀리게 돼요. 왜 그런 걸까요?

수학 문제는 한 번 틀린 문제를 자꾸 틀리게 되는 경우가 많아. 그건 잘못된 개념 때문이지. 개념을 바르게 이해했어야 하는데, 그걸 잘못 생각하고 있으면 계속해서 같은 실수를 반복하게 된단다.

공부를 잘하는 아이들이 공부하는 방법을 살펴보면 거의 대부분 '오답 노트' 같은 것을 만들어 두었다는 걸 알 수 있을 거야. 오답 노트는 비단 수학에만 필요한 것이 아니란다.

오답 노트는 자기가 실수를 하기 쉬운 부분이 무엇인지, 왜 실수를 하는 것인지 짚고 넘어가기 위해서 만드는 것이거든. 어떤 아이들은 틀린 문제는 거들떠보

기도 싫다고 말하기도 해. 하지만 틀린 문제를 좋게 받아들여서 왜 틀렸는지, 무엇이 잘못된 것인지 꼼꼼하게 체크해 두면 두 번 다시는 그 문제를 틀리지 않을 수 있단다.

　오답 노트를 만드는 방법은 아주 간단해. 먼저 노트를 하나 따로 정하고, 거기에다 실수한 문제를 적어 두는 거야. 그런 다음 자신이 답을 착각한 이유가 무엇이었는지 따로 생각해서 적어 두면 돼.

　수학 같은 경우엔 노트에다가 식을 푸는 방법을 자세히 적어 두고, 어떤 부분에서 실수를 했는지 찾아보기 쉽게 만들어 두면 된단다.

사회 시간에 선생님께서 우리 동네에 무엇이 있는지 조사해 오라는 숙제를 내주셨어.

"아니, 이런 건 왜 조사하라는 거지?"

나는 이해가 되지 않는다며 툴툴거렸어. 그러자 성훈이가 잘난 체하며 말했어.

"어떤 동네에는 있는데, 어떤 동네에는 없는 것들이 많아서 그런 거 아닐까?"

"그게 뭔데?"

"예를 들어서 우리 동네에는 엄청 좋은 수영장이 있거든. 그런데 너희 동네에는 그런 게 없잖아."

"피! 우리 동네엔 엄청 좋은 약수터가 있거든!"

나는 지지 않고 대꾸했지.

"우린 정수기 물을 마시니까 약수터는 없어도 돼."

"흥, 우리 동네 약수터 물이 얼마나 달고 맛있는데!
정수기 물이랑은 비교도 안 돼."

내가 으스대며 말하자 성훈이가 또 말을 꺼내더라.

"우리 동네엔 스케이트장도 있어."

나는 주먹을 꼭 움켜쥐었지. 이대로 성훈이에게
무릎을 꿇을 수는 없는 노릇이었어.

"우리 동네엔 엄청 큰 병원이 있어."

내가 말하자 성훈이도 질세라 눈을 또르르 굴리며 새로운 걸 생각해 내려고 애썼어.

"그래, 맞다! 우리 동네엔 영화관이 있어. 4D 영화관이야. 너희 동네엔 없는 곳이지!"

순간, 말문이 탁 막히지 뭐야. 그런데 나와 성훈이의 이야기를 듣고 있던 윤석이가 한심하다는 듯 혀를 끌끌 차며 이렇게 끼어들었어.

"야, 우리 동네엔 축구장이 있어. 월드컵 때 선수들이 와서 경기하는 곳이야."

윤석이의 말을 이번엔 은희가 맞받아쳤어.

"흥, 우리 동네엔 엄청 크고 멋진 공원이 있어."

그러자 돌돌이가 나섰어.

"우리 동네엔 눈썰매장이 있어."

그 순간! 아이들의 눈빛에 부러움이 넘쳤지.

"겨울엔 동네 사람들이 언제든 이용할 수 있게 해 놨지."

아이들은 돌돌이에게 썰매장에 갈 수 있게 해 달라고 졸랐어. 돌돌이는 어깨에 힘을 딱 주고서 으하하, 하고 거만하게 웃었어. 그때 불쑥 들어온 선생님께서 말씀하셨지.

"뭐야, 너희들 아직도 사회 공부 중이었니?"

| 10월 6일 목요일 | 날씨 하늘이 맑아 동네 멀리까지 보인 날 |

 선생님께서 자기가 사는 동네에 대해서 제대로 아는 것도 사회 공부라고 말씀하셨다. 그런 거라면 나는 문제 없다. 나는 눈 감고도 우리 동네의 지도를 그릴 수 있다. 골목골목 안 뛰어논 곳이 없기 때문이다. 그런데 왜 시험엔 우리 동네에서 제일 맛있는 빵집이라든지, 피자 가게가 어디냐고 묻지 않는 걸까?

사회는 세상을 잘 살기 위해 꼭 필요한 공부란다.

대체 사회 공부는 왜 하는 거죠?

사회를 잘하는 아이는 무엇을 잘하게 될까? 이걸 알기 위해서는 먼저 사회가 무엇을 배우는 과목인지 알아야만 해.

사회는 세상을 어떻게 살아가는 것인지 배우는 과목이란다. 사회를 통해서 우리는 동네에 무엇이 있는지, 그것은 왜 필요한 것인지, 그곳까지 가기 위해선 지도를 어떻게 보아야 하는지 등을 배우게 되지.

또, 우리는 사회라는 과목을 통해서 과거에 사람들은 어떻게 살아왔는지, 지금은 어떻게 살고 있는지, 앞으로 어떻게 살아갈 것인지를 배우게 된단다. '사회'라는 과목이 어렵고 막막하게 느껴진다면 우선 그것을

왜 배워야만 하는지부터 생각해 보렴.

흔히 사회를 어려운 용어를 달달 외우기만 하면 되는 암기 과목이라고 생각하는데, 절대 아니야. 사회책에 나오는 용어들은 모두 다 우리의 생활에 쓰이고 있는 것들이란다. 사회를 어렵다고 생각하게 되는 까닭은 거기에 나오는 용어가 낯설기 때문일 거야.

예를 들어, 행정부라든가, 지방자치처럼 평소에는 잘 쓰지 않는 단어가 줄줄 나오지. 그런데 그런 단어들은 모두 우리가 쓰고 있는 말들이란다. 뜻을 잘 풀이한 다음 생각해 보렴. 그러면 내용이 무조건 어렵고 복잡하게 느껴지지만은 않을 거야.

"엄마, 병따개는 어디 있어?"

"잘 찾아봐."

이런 비참한 일이! 시원한 사이다가 마시고 싶었는데, 병따개가 없어서 뚜껑을 딸 수가 없지 뭐야!

"으, 정말 목마른데……."

사이다 병을 바라만 봤지. 이런 것을 두고 그림의 떡이라고 하는구나! 바로 코앞에 있으면 뭐하나. 나는 절망스러운 표정으로 식탁에 엎드리고 말았어.

"자두야, 뭐하니?"

잠에서 깬 아빠가 목덜미를 긁으며 다가오셨어.

"사이다가 나를 슬프게 해."

나는 한숨을 내쉬었어.

"사이다? 아빠도 한잔 줘."

아빠는 입이 찢어지도록 크게 하품을 하며 컵을 내밀었어. 난 고개를 가로저었어.

"아빠, 병따개가 없어서 안 돼."

아빠는 머리를 긁적거리더니 주위를 두리번거리더라. 나는 온 집 안을 샅샅이 뒤졌지만 병따개 같은 건 코빼기도 보이지 않았다고 말했지. 그러자 아빠는 입맛을 쩝 다시더니 식탁 위에 놓인 숟가락을 집어 들었어. 숟가락으로 퍼 마시려고 하시나? 그러고는 툭!

숟가락을 집어넣더니 뽕! 병을 따 버리지 뭐야.

"와, 아빠! 방금 어떻게 한 거야? 마술 같다!"

"자두야, 방금 아빠가 한 건 마술이 아니라 과학이란다. 지렛대의 원리를 이용한 것이지. 지레는 적은 힘으로 무거운 물체를 들어 올릴 수 있는 도구잖니. 그 원리를 잘 이용하면 엄청 무거운 물체도 가볍게 들어 올릴 수가 있어."

아빠는 가위, 병따개, 펀치, 핀셋, 젓가락 등이 모두 지레의 원리를 사용하는 것이라고 했어.

"어때, 아빠가 대단해 보이지?"

아빠 덕분에 나는 과학의 원리가 우리 생활 곳곳에 숨어 있다는 것을 깨달았지. 평소에 우리가 쉽게 사용하는 것들이 복잡하고 어려운 과학 원리를 바탕으로 하고 있는 것이라니! 무척 놀랍고 신기했어.

10월 11일 화요일 | 날씨 가을이 됐다고 느껴진 날

나는 과학은 실험실에나 있는 것인 줄 알았다. 그런데 과학은 생활 곳곳에 숨어 있었다. 냉장고 문이 쉽게 열리고 닫히는 데는 자석의 원리가 숨어 있고, 병따개 속에는 지렛대의 원리가 숨어 있다니. 앞으로 내가 쓰는 물건 속에 또 어떤 원리가 숨어 있는지 찾아봐야겠다. 이러다가 나는 과학자가 될 것 같다.

맞아, 과학은 멀리 있는 공부가 아니야.
과학은 우리 주변에 다 있는 공부란다.

과학을 잘하려면 실험이나 연구 같은 걸 잘해야 하는 거 아닌가요?

흔히 '과학'이라고 하면 영화나 만화책에 나오는 과학자를 떠올릴 거야. 그런 과학자들은 꼭 무언가 엄청난 것을 연구하곤 하지. 그런데 과학이란 것이 반드시 그렇게 거창하고 대단한 것은 아니란다.

우리 생활과 아주 밀접한 관련이 있는 모든 것이 과학을 바탕으로 하고 있어. 그래서 주변을 잘 살펴보는 것만으로도 과학을 잘할 수 있게 된단다. 예를 들어서 뉴턴이 발견한 '만유인력의 법칙'은 지구의 중력을 밝히는 가장 결정적인 단서가 됐지. 만약 만유인력에 대해 몰랐더라면 비행기가 하늘을 날 수도 없었을 거고, 기차가 달릴 수도 없었을 거야. 모든 것이 그 법칙을 기본으

로 하여 발전한 기술이거든. 하지만 만유인력의 법칙은 뉴턴이 우연히 사과나무를 바라보다가 발견한 것이란다. 실험실에서 대단한 실험을 통해 발견한 게 아니야.

우리 주변에는 많은 과학 원리가 숨어 있단다. 하늘에 떠 있는 구름 속에도, 길가에 피어 있는 꽃 속에도, 주렁주렁 열린 과일 열매 속에도 일정한 법칙과 규칙이 있지. 이런 것을 알아내려면 무엇보다도 호기심을 갖고, 탐구하는 자세가 필요해. 이런 자세를 '과학적 사고'라고 해. 바로 이 과학적 사고 능력이 커지면 커질수록 과학을 잘하게 되는 거란다.

선생님이 도와줄게!

"이것 좀 봐, 내 보물 1호야. 정말 사랑스럽지?"

돌돌이가 꿈틀거리는 애벌레를 내미는 거야. 투명한 흰색의 애벌레가 꿈틀거리는 것을 보는 순간 징그러워서 "악!" 하고 소리를 질렀어.

그 바람에, 돌돌이가 놀라서 손에 쥐고 있던 애벌레를 떨어뜨릴 뻔했지.

"아이고, 우리 아기가 다칠 뻔했네!"

아기라고? 장난인 줄 알았는데 돌돌이는 몹시 진지했어. 애벌레가 사랑스러워 견딜 수 없다는 듯한 표정인 거야.

"이런 벌레를 뭐하러 키우는 거야?"

"벌레가 아니라 장수풍뎅이 애벌레라고."

돌돌이는 장수풍뎅이의 애벌레가 똥을 누면 땅이 기름지게 된다고 했어. 땅이 기름지면 식물이

돌돌이의 관찰 일기

잘 자라게 되고, 그러면 먹을 것이 풍부해지니 이보다 더 귀한 곤충이 어디 있겠냐는 거야.

"애는 내가 키운 수컷 장수풍뎅이랑 암컷 장수풍뎅이가 짝짓기를 해서 낳은 알이야. 앞으로 애도 허물을 2번 벗으면 멋진 장수풍뎅이가 될 거야."

"네가 이걸 직접 길렀다고?"

"그래, 장수풍뎅이 알은 섭씨 25도쯤 되는 곳에다가 보름

4/3 언제쯤 알이 부화할까?? 너무 궁금하다...

장수풍뎅이 ♥

정도 두면 부화가 돼. 온도가 높을수록 알이 빨리 부화되지."
돌돌이는 쉬지 않고 장수풍뎅이에 대해 떠들었어.
"와, 꼭 곤충 박사님 같다."
"난 장수풍뎅이에 관해서라면 뭐든 모르는 게 없어."
돌돌이는 무척 자랑스럽게 말했어.
"어떻게 그런 지식을 얻은 거야?"
"장수풍뎅이를 키우면서 직접 관찰 일기를 썼거든. 하루하루 관찰하면서 알게 된 사실을 정리하고, 또 책으로 직접

5월 10일
알 25℃
★허물을 2번 벗어야 함.

10일
←10mm→

↑35mm

찾아보기도 하고, 인터넷을 이용해서 찾아보기도 했지."

돌돌이는 이다음에 크면 장수풍뎅이를 연구하는 자연 과학자가 될 거라고 했어. 나는 그런 꿈을 가진 돌돌이가 부러웠지.

'나도 뭔가 좋아하는 것을 정해서 연구해야겠어. 그러면 돌돌이처럼 척척박사가 될 테고, 이다음에 커서 할 일도 정할 수 있게 되겠지?'

하지만 무엇에 관심을 두어야 할지 선뜻 생각나지 않았어. 그때 파리 한 마리가 윙 날아왔어. 파리는 아무리 손을 휘저어도 도망가지 않았지. 순간, 좋은 아이디어가 떠올랐어.

'좋아, 난 이제부터 파리를 관찰할 거야. 그래서 파리 박사가 되는 거야!

10월 12일 수요일 | 날씨 곤충들이 활동하기 좋은 날

돌돌이는 곤충 박사다. 사진만 보고도 무엇인지 척척 알아맞힌다. 돌돌이의 꿈은 파브르처럼 유명한 곤충 과학자가 되는 것이라고 한다. 생각해 보니까 과학자는 참 종류가 많은 것 같다. 어려운 공부를 하는 대신 곤충을 관찰하기만 해도 과학자가 되다니. 나도 곤충 과학자나 되어 볼까?

과학자가 되려면 그저 보는 게 아니라 호기심을 갖고, 꾸준히 공부해야만 해.

과학자는 머리가 좋아야만 되는 거 아닌가요?

어떤 사람은 과학을 암기 과목이라고도 해. 하지만 과학은 우선 이해해야만 풀 수 있는 과목이란다.

아까, 과학을 잘하려면 무엇보다도 호기심을 가져야 한다고 했던 말을 기억하니? 중요한 건 이러한 호기심은 아무것이나 궁금해한다고 되는 게 아니란다. 끈기 있게 관찰하고, 결과를 도출해 내고, 그것을 다른 결과와 비교할 줄 알아야만 해.

이것을 잘 해내려면 호기심을 해결하고자 하는 강한 의지가 있어야만 한단다. 이렇게 호기심을 해결하고자 하는 자세를 '탐구심'이라고 하지. 탐구란 학문을 파고

들어서 깊이 공부한다는 뜻이야.

예를 들어서 '떡잎'에 대해 공부한다고 치자. 떡잎에는 쌍떡잎과 외떡잎이 있다는 내용을 달달 외우려면 무척 힘이 들 거야. 하지만 직접 떡잎 식물을 찾아보고, 만져 본 다음 암기하면 내용을 훨씬 쉽게 이해할 수 있게 되는 거지.

무언가를 탐구한다는 건 어떻게 보면 귀찮고 번거로운 일일 수도 있어. 하지만 탐구심이 늘어나면 늘어날수록 주의력이 깊어지고, 놀라운 것을 발견할 가능성이 커진단다. 탐구력이 깊어진다는 것은 과학적 사고력이 자란다는 뜻이거든.

선생님이 도와줄게!

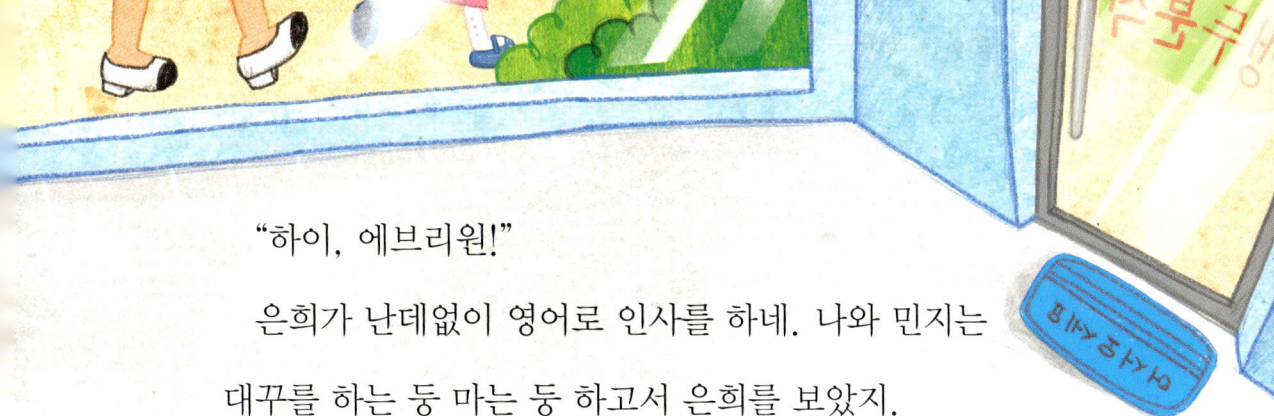

"하이, 에브리원!"

은희가 난데없이 영어로 인사를 하네. 나와 민지는 대꾸를 하는 둥 마는 둥 하고서 은희를 보았지.

"얘들아, 내가 아침으로 '버네너'만 먹었더니 배가 고픈데……. 우리 같이 떡볶이 사 먹으러 갈래?"

은희는 혀가 돌돌 말려 있는 사람처럼 강한 발음으로 '바나나'를 강조했어. 나와 민지는 어이가 없었지만 잠자코 고개를 끄덕였지.

버터처럼 느끼하고 강한 영어 발음은 시도 때도 없이 계속되었어. 떡볶이를 먹다가 국물을 흘리자 "웁스!" 하고 소리를 지르는가 하면, '달걀'이 더 먹고 싶다는 말을 할 때는 '에그'가 더 먹고 싶다며 어깨를 들썩거리는 거야.

"은희야, 아까부터 왜 자꾸 영어를 쓰는 거야?"

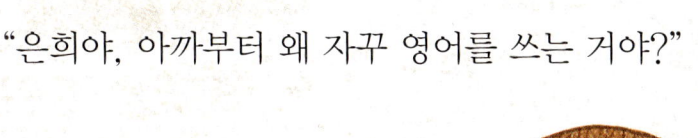

"아, 이번 방학 때 미국에 갈 거거든. 고모가 미국에 오면 디즈니랜드도 데려가 주고, 할리우드 구경도 시켜 주신다고 했어."

나와 민지는 입을 쩍 벌리고 말았지.

"넌 정말 좋겠다!"

그날 저녁, 나는 엄마한테 미국에 보내 달라고 떼를 썼지. 방학 때만이라도 미국에 다녀오고 싶다며 투정을

부렸어.

"미국에 보내 줘. 엄마, 응?"

"아니, 얘가 갑자기 웬 미국 타령이야?"

"디즈니랜드에 가면 엘사도 직접 볼 수 있대. 나도 미국에 가고 싶어!"

"넌 영어도 못하잖아."

"아니야, 할 줄 알아!"

나는 오기가 생겨서 바락 소리를 지르고 말았지. 엄마는 팔짱을 끼더니 나를 향해 이렇게 말했어.

"그럼 해 봐. 얼마나 잘하는지 보고 보내든지 말든지 결정할 테니까."

"누가 못 할 줄 알고? 잘 들어. 하이, 마이 네임 이즈 자두!"

나는 알고 있는 모든 영어 단어를 총동원해서 말했어. 그러나 곧 내가 아는 영어 단어는 바닥나고 말았지.

"이런 실력으론 미국에 가서 하루도 못 버틸걸?"

엄마가 팔짱을 끼며 말했지.

"치, 사실은 보내 주기 싫으니까 그러는 거지? 그래서 괜히 트집 잡는 거잖아!"

"아니야, 지금부터라도 열심히 영어 공부를 한다고 약속하면 언젠간 꼭 미국에 보내 줄게."

엄마는 고개를 끄덕이더니 새끼손가락을 걸어 주셨어.

10월 14일 금요일 | 날씨 단풍이 들기 시작한 날

엄마가 영어를 잘해야 한다고 말씀하셨다. 그런데 참 이상한 일이다. 우리는 대한민국에 살고 있는데 왜 영어를 배우라고 하는 걸까? 누구나 쉽게 미국에 갈 수 있는 것도 아닌데, 자꾸 영어를 공부하라고 하니까 이해가 되지 않는다. 나는 앞으로도 쭉 대한민국에 살게 될 텐데, 과연 영어를 배운다고 해서 쓸모가 있을까?

영어는 세계 공용어야. 더 넓은 세상을 경험하려면 영어가 반드시 필요하겠지?

우리나라에선 한국말만 쓰는데 꼭 영어를 배워야 해요?

영어는 가장 널리 쓰이는 세계 공용어란다. 일본에서도, 중국에서도, 프랑스나 독일에서도 영어를 배우고 있지. 넓은 세상을 배우고, 체험하려면 언어를 자유롭게 구사할 수 있어야만 하겠지? 그래서 우리는 세계에서 가장 널리 쓰이는 공용어인 영어를 배우는 거란다.

그런데 남의 나라 말을 배우기란 여간 어려운 게 아니야. 우리는 ABCDEFG…… 알파벳부터 시작해서 여러 가지 단어를 영어로 읽고 쓰는 법을 배우지. 그런데도 영어를 술술 말하기가 어려운 건 평소에 자주 쓰는 말이 아니기 때문이야.

　무엇보다도 영어를 잘하려면 평소에 단어나, 문장을 자주 이야기해 보아야만 한단다. 영어로 된 애니메이션이나 방송 프로그램, 쉽고 재미있는 동영상 등을 보렴.

　단어 맞히기 게임이나, 영어로 말하기 게임 같은 것을 해 보는 것도 좋은 방법이란다. 또, 아주 간단한 영어 동화책을 읽는 것도 영어 공부에 큰 도움이 되지. 〈신데렐라〉라든가, 〈백설공주〉처럼 잘 알고 있는 내용이어도 상관없단다. 그저 즐기면서 책을 읽으면 돼. 명심하렴. 영어는 무조건 익히려고 하기보다는 즐기면서 하나씩 터득해 나가야 하는 것이란다.

신나게 게임을 하고 있는데 엄마가 종이 한 장을 내밀었어. 악! 그건 지난번에 받아쓰기를 하고 나서 쓴 각서였지. 엄마가 두 눈을 부릅떴어. 그러고는 천천히 각서를 읽으라고 하셨지.

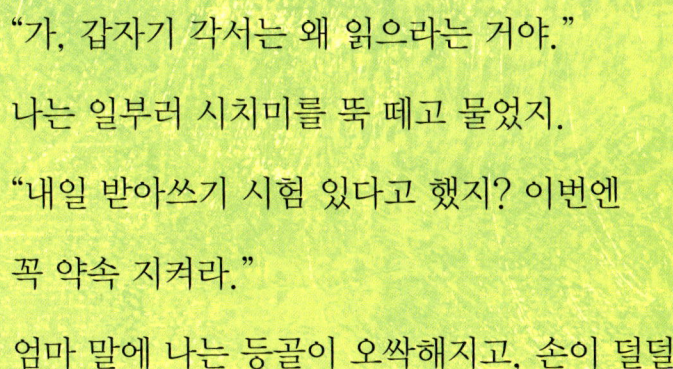

나, 최자두는 반드시 다음번 받아쓰기에서 백 점을 맞겠습니다. 만약 백 점이 아니면 이 집을 나가겠습니다.
-○○년, ○○일, ○○시 최자두 약속함-

"가, 갑자기 각서는 왜 읽으라는 거야."
나는 일부러 시치미를 뚝 떼고 물었지.
"내일 받아쓰기 시험 있다고 했지? 이번엔 꼭 약속 지켜라."
엄마 말에 나는 등골이 오싹해지고, 손이 덜덜

떨리기까지 했어. 만약 이번 시험에 백 점을 맞지 못 한다면 집에서 쫓겨날지도 모른다는 생각이 들었지.

"좋아, 그깟 시험 백 점 맞으면 되지."

나는 책상에다가 '백 점 맞자!'라고 크게 써 놓고 보란 듯이 국어 책을 꺼내 읽었어. 이번만큼은 엄마한테 나도 할 수 있다는 걸 보여 주고 싶었지. 그렇게 얼마나 공부했을까. 어느새 시간이 훌쩍 지나 있었어.

'와, 이 정도로 오래 공부했으면 백 점은 문제없겠는데?'

나는 시험 결과가 좋을 거라는 생각에 들떴어.

'이번에 백 점을 맞게 되면 엄마한테 새 옷을 사 달라고 해야지. 앗싸!'

새 옷 살 생각을 하니까 기분이 더 좋아졌지. 나는 화장실도 가지 않고 열심히 공부했어. 그리고

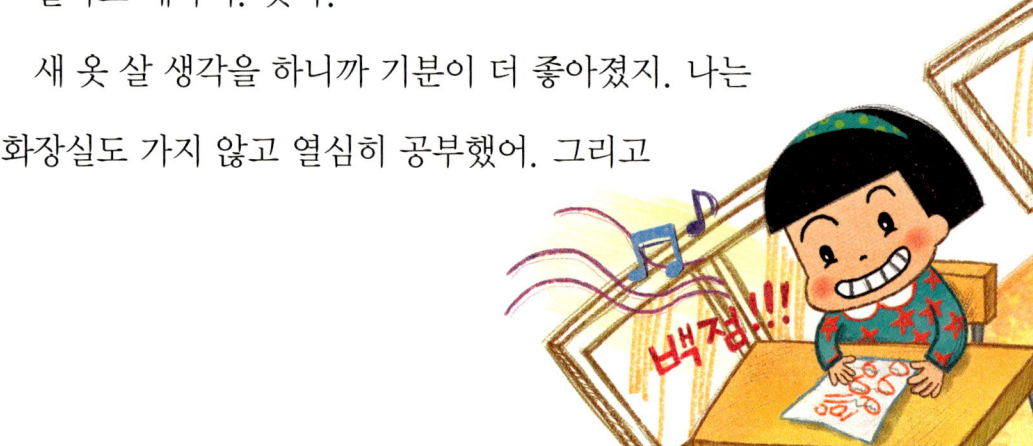

마침내 받아쓰기 시험 시간이 되었지. 나는 들뜬 마음으로 받아쓰기를 시작했어. 그런데 내가 아는 글자보다 알쏭달쏭 헷갈리는 글자가 더 많지 뭐야.

시험 결과는 완전 엉망이었어. 열심히 공부한 성적이나, 공부하지 않았을 때의 성적이나 비슷비슷했던 거야. 나는 힘이 쭉 빠져 버렸어.

'뭐야, 공부를 그렇게 열심히 했는데도 성적이 이 모양이라니! 난 공부를 해 봤자 소용이 없나 봐!'

나는 책상에 우두커니 앉은 채로 시험지를 바라보았어. 순간 눈물이 핑 돌았지. 나는 결국 터져 나오는 울음을 참지 못 해서 엉엉 대성통곡을 했어. 그 모습을 본 아이들이 고개를 갸웃거렸지.

"자두야, 왜 그래?"

"억울해. 정말 억울해 미칠 것 같아."

나는 억울하다는 말만 되풀이하며 울었어. 차라리 공부를 하지 않았더라면 이렇게 억울하진 않았을 텐데……. 난 열심히 해도 소용이 없나 봐.

| 10월 17일 월요일 | 날씨 눈치 없는 귀뚜라미가 노래를 한 날 |

 나는 이번 받아쓰기 시험만큼은 꼭 백 점을 맞고 싶었다. 그래서 하루 동안 정말 열심히 공부했다. 그런데 시험 성적은 공부를 할 때나 안 할 때나 비슷했다. 이럴 줄 알았으면 차라리 공부할 시간에 게임이나 실컷 할걸.

 게임 하고 싶은 것도 꾹 참아가면서 공부했는데, 겨우 50점이라니. 나는 정말 공부에 소질이 없는 아이인 모양이다.

다음번에는 목표를 너무 높게 잡지 말고 실천 가능한 것으로 해 보렴.

하루아침에 공부를 잘할 수는 없는 건가요?

한꺼번에 공부를 다 해 놓고 나머지 시간은 하고 싶은 걸 하고 놀 수 있으면 좋으련만, 안타깝게도 공부란 하루아침에 다 할 수 있는 게 아니란다.

공부는 마치 먼 길을 걸어서 여행을 떠나는 것과도 같아. 하루아침에 수천 킬로미터를 걸어갈 수는 없는 거잖니. 하루에 갈 수 있는 양은 정해져 있어. 공부도 마찬가지야. 한순간에 세상 모든 지식들을 다 배우고 익힐 수는 없어. 차근차근 배운 것을 이해하고 되풀이 할 때 비로소 지식이 쌓이고 실력이 늘게 되는 것이지. 그래서 공부를 할 땐 차근차근 목표를 세워야만 한단다. 이번 시험에선 몇 점을 받아야겠다는 식의 목표 말

이야.

　자신에게 알맞은 목표를 세우고, 그 목표를 이루어 나가는 습관을 들여 보렴. 만약 이번 시험에서 50점을 받았다면, 다음 시험에선 70점을 받을 수 있도록 목표를 세우고 공부하는 거야. 그러면 무리하게 공부하지 않아도 되고, 조금씩 실력이 늘어나고 있다는 걸 확인할 수 있게 되겠지. 명심해. 시험 직전에 10시간을 공부하는 것보다, 날마다 30분씩 꾸준히 공부하는 게 더 현명한 공부법이란다.

선생님이 도와줄게!

굳은 결심을 하고 공부하려고 책장을 펼쳤는데, 발바닥이 가려워지는 거야. 하필 가려운 데가 발바닥이람! 왼쪽 발을 책상에 올려놓고 발바닥을 북북 긁었지.

'좋아, 다시 공부해야지!'

그런데 이번엔 거실에서 들리는 텔레비전 소리 때문에 집중을 할 수가 없는 거야.

"제발 조용히 좀 해! 텔레비전 소리 좀 낮추라고!"

나는 고래고래 고함을 질렀어.

"치!"

미미가 짜증난다며 텔레비전 전원을 끄고 나가 버렸지. 그러자 사방이 고요해지는 듯했어. 나는

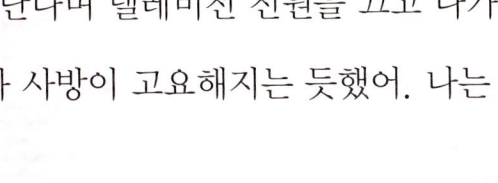

다시 마음을 가다듬고 공부를 시작했어. 그런데 그것도 잠깐! 갑자기 걱정이 드는 거야. 이렇게 공부하다가 내일 늦잠을 자게 되면 어떡하지? 내일 숙제를 안 챙겨 가면 어떡하지? 준비물은 다 챙겼나? 결국 한숨을 푹 쉬며 자리에서 일어나고 말았어.

"휴, 이제 책가방도 챙겨 놨고, 숙제도 넣어 뒀으니까 문제없어."

그런데 이번엔 배에서 꼬르륵 소리가 났어. 신경을 하도 썼더니 뱃속이 비었나 봐. 간식으로 과자 한 봉지만 먹고 나서 공부를 하기로 했지.

냠냠 과자를 먹는 동안 텔레비전을 봤어.

"뭐야, 아깐 공부한다고 텔레비전 끄라며?"

미미가 나를 노려보는 거야.

"지금 과자 먹는 중이잖아. 이것만 먹고 들어가서 공부할 거야."

나는 손가락에 묻은 과자 부스러기를 쪽쪽 빨아먹으며 대꾸했지. 그런데 과자를 먹고 나니 어느새 내가 좋아하는 만화 프로그램을 한다고 광고가 나오는 거야.

'그래, 만화만 보고 하자. 이걸 보고 나서 쭉 공부하면 되잖아!'

눈 깜짝할 사이에 만화가 끝나고 말더라.

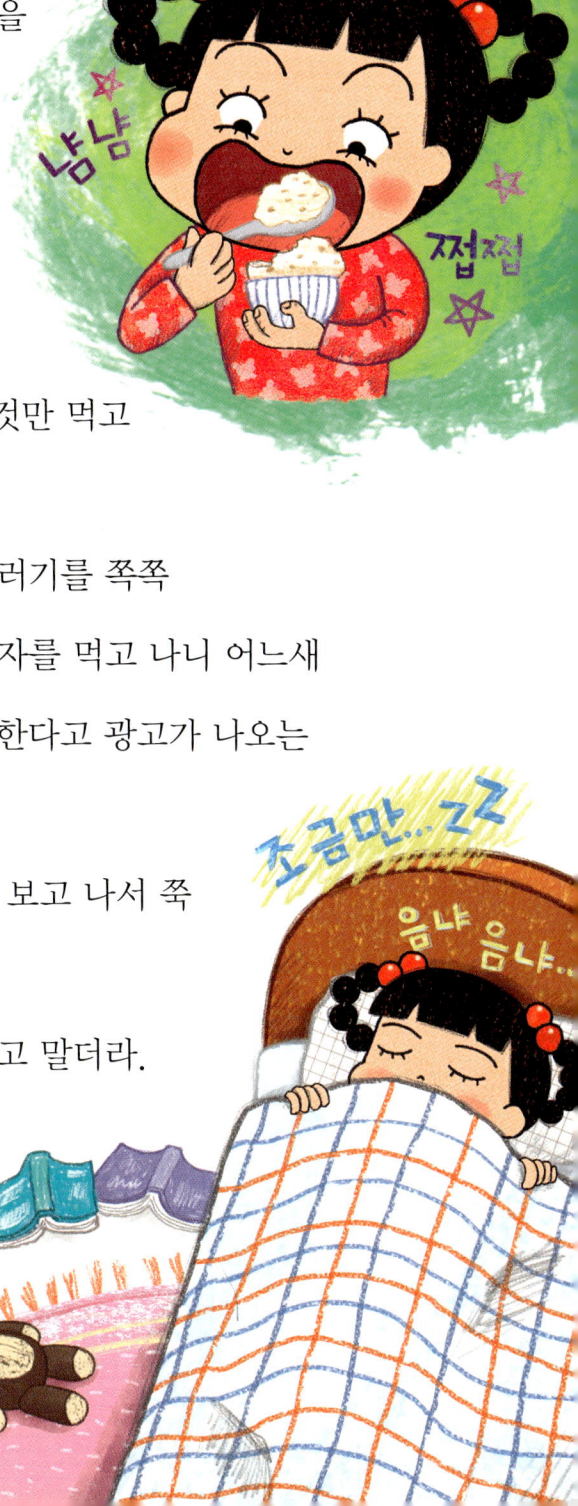

나는 속으로 이제 그만 들어가서 공부해야지라고 마음먹었어. 그런데 이번에는 엄마가 나를 붙잡지 뭐야.

"자두야, 저녁 먹자!"

"벌써?"

"시간이 7시잖아."

헉! 그래, 밥은 먹어야지. 얼른 밥을 먹고 나서 공부해야겠다고 생각했지.

'이제 정말 공부하는 거야. 공부하자!'

하지만 배부르게 밥을 먹고 나니 졸음이 쏟아져서 견딜 수가 없었어.

'그래, 조금만 자고 일어나서 하는 거야.'

그렇게 얼마나 지났을까. 엄마가 나를 깨우는 목소리가 들려왔어. 나는 놀라서 눈을 번쩍 떴어.

맙소사, 시계를 보니 으악! 아침 8시!

10월 19일 수요일 | 날씨 낙엽이 떨어져 슬픈 날

내 엉덩이는 참 이상하다. 컴퓨터 게임을 할 때는 꼼짝도 하지 않고 1시간, 2시간도 앉아 있을 수 있다. 그런데 공부를 하면 10분 만에 엉덩이가 들썩들썩! 제멋대로 움직인다. 텔레비전을 볼 때도 엉덩이는 꼼짝하지 않는다. 소파에서는 1시간이 아니라 3시간, 4시간도 버틸 수 있다. 그런데 왜 공부만 하려고 하면 엉덩이에 뿔이 난 것처럼 앉아 있기가 힘든 걸까?

뿔이 난 것 같다... 흑흑...

공부할 때 딴짓을 하고 싶으면 마음속으로 다짐을 해 보렴. 딱 15분만 버티자!

집중력이 좋아지려면 어떻게 해야 할까요?

집중력이란 건 내가 지금 하는 일에 얼마나 관심이 있느냐, 흥미가 있느냐에 따라 달라지는 거란다. 예를 들어서 밖에서 뛰어논다거나, 컴퓨터 오락을 할 때는 시간이 금방 간다고 느끼게 될걸.

게임에 집중하다 보면 1시간 동안 꼼짝하지 않고 앉아 있어도 불편한 걸 전혀 못 느끼지. 그런데 왜 공부만 하면 시간이 느리게 가고, 집중도 잘 안 되는 걸까? 그건 네가 공부에 크게 흥미를 느끼지 못 했기 때문에 벌어지는 일이란다. 집중력은 재미있거나, 흥미가 있을 때, 좋아하는 일을 할 때 발휘되는 것이니까.

공부를 할 때 집중이 잘 되지 않는다는 건 그만큼 어

렵고 힘들기 때문일 거야. 그러니 무턱대고 공부를 좋아하게 만들 수는 없겠지. 아마 이 세상에서 공부를 하면서 재미있다고 느끼는 사람은 극히 드물걸. 누구나 공부할 땐 딴생각을 하게 돼. 그러니 제대로 집중을 하지 못 하는 자신을 탓할 필요는 없단다.

　대신 집중이 잘 되지 않을 때는 이렇게 해 보렴. 먼저, 30분 동안 집중하고 나서 하고 싶은 일을 하는 거야. 그것도 어려우면 15분이라도 좋아. 그 시간만큼은 오로지 공부에만 집중하는 거야. 그러고서 시간이 지나면 집중한 시간만큼 쉬어 주는 거야. 15분 공부하고 15분 쉬고! 그렇게 조금씩 공부 시간을 늘려가다 보면 어느새 놀라운 집중력을 갖게 될 거란다.

선생님이 도와줄게!

"학교 다녀왔습니다!"

책가방을 던져 놓자마자 컴퓨터를 켰어. 그러자 엄마가 도끼눈을 하고 힐끗 째려보는 게 느껴졌지.

"최자두, 엄마가 뭐랬니? 집에 오면 곧장 그날 배운 건 복습하랬지? 숙제도 하고, 책가방도 미리 챙겨 놓고, 그런 다음에 게임을 하면 누가 뭐라니?"

나는 엄마의 말을 듣는 둥 마는 둥 하고 마우스를 클릭했어.

"복습은 언제 할 거야?"

"나중에."

"숙제는 뭔데?"

"나중에 확인할게."

마우스를 클릭하다가 이게 웬 떡이냐며 콧노래가 나왔어. 게임 속 친구에게서 쪽지와 함께 아이템

선물이 온 거야. 한참 게임을 하고 나서 숙제가 있나, 없나 확인하려고 알림장을 펼쳤더니 세상에! 받아쓰기에서 틀린 문제를 무려 3번씩이나 쓰래!
"이걸 언제 다 한담!"
만약 숙제를 제대로 해 가지 않는다면 선생님께 꾸중을 들을 텐데. 그때 현관에서 바스락 소리가 났어. 퇴근한 아빠가 맛있는 걸 사 들고 오신 모양이었어.

"뭐야? 치킨? 아니면 피자?"

나는 부리나케 방문을 열고 뛰어나갔지. 아니나 다를까, 아빠의 손에는 따끈따끈한 피자가 들려 있었지.

"오, 예!"

나는 거실 한가운데에다가 피자를 내려놓았어. 하지만 웬걸.

"숙제는 다 했니?"

피자를 꺼내 먹으려는데 엄마가 도끼눈을 하고서 확인을 하지 뭐야. 나는 하던 중이라며 우물쭈물했지. 엄마가 굳이 말씀하지는 않으셨지만, 따가운 눈빛이 '당장 들어가서 숙제부터 하고 와.'라고 말하는 것

같았어. 나는 피자를 씹다 말고 콜록콜록 기침을 했어. 목구멍이 탁 막히는 것만 같았거든.

"여보, 먹을 땐 그냥 내버려 둬."

보다못한 아빠가 편하게 먹으라며 어깨를 토닥여 주셨어. 엄마는 속상한 표정으로 자리에서 일어났어.

"자두, 넌 노는 거나 먹는 건 나중으로 미루는 법이 없으면서 왜 공부는 미루니?"

"내가 언제 그랬어?"

"항상 그러잖아. 복습하는 대신 게임 먼저 하고, 숙제 확인도 다음으로 미루고."

나는 마음속으로 '이번 한 번만 그렇게 하고 다음부턴 안 그럴 거예요.'라고 다짐했지. 하지만 생각해 보니 어제도, 그리고 엊그제도 똑같이 '오늘만', '이번 한 번만'이라고 했던 것 같아.

| 10월 20일 목요일 | 날씨 무르익은 가을의 한가운데 날 |

　엄마가 나한테 <개미와 베짱이> 속의 베짱이를 보고 반성하라고 하셨다. 날마다 부지런히 일한 개미는 추운 겨울에 따뜻하게 지낼 수 있었지만 할 일을 미루고 빈둥빈둥 놀았던 베짱이는 후회했기 때문이다. 하지만 책 속의 베짱이는 개미의 도움으로 따뜻한 겨울을 지낸다. 그러니까 오늘 할 일을 내일로 미루고 싶으면 개미처럼 열심히 하는 친구를 사귀면 된다.

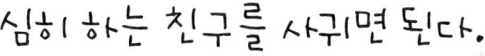

누구도 너를 대신해서 공부해 줄 수는 없는 거야.

공부는 왜 꼭 나 혼자의 힘으로 해야 하는 거예요?

세상에는 남이 절대로 대신해 주지 못하는 것이 있지. 배고픔을 달래는 것, 잠을 자는 것, 그리고 화장실에 가는 것 등 말이야. 생각해 봐. 배가 고플 때 남에게 먹을 것을 달라고 부탁할 순 있지만 남이 먹는 걸 보고 대신 배가 부를 순 없어. 남에게 잠잘 곳을 부탁할 순 있겠지만 남이 자는 것을 보고 대신 잠을 잔 것처럼 피로가 풀리진 않지.

공부도 마찬가지야. 남에게 답을 물어보거나, 모르는 걸 대신 알아봐 달라고 부탁할 순 있어도 남이 대신 공부해 줄 순 없는 거야. 지식은 오로지 자기의 힘으로 채워 나가야만 하는 것이기 때문이지.

　우리 조상들은 공부를 할 때 '배수진'을 치고 해야 한다고 하셨지. 배수진이란 강을 등지고 선다는 뜻으로, 적과 싸울 때 죽기를 각오하고 덤비는 것을 말한단다. 조상들은 그렇게 절박한 마음으로 공부하지 않으면 절대 많은 지식을 얻을 수 없다고 생각했던 거야.

　공부는 나 자신과의 싸움이라는 말이 있단다. 공부를 잘하려면 나와 싸워서 이겨야만 해. 절대 남에게 부탁할 수도 없고, 남의 힘을 빌릴 수도 없는 것이 바로 공부란다. 결국 하지 않으면 나만 손해인 거지. 어차피 내가 반드시 해야 하는 것이라면 조금이라도 더 열심히 하려고 애쓰는 게 현명한 게 아닐까?

백점 12 혼자서 공부 잘하는 법

엄마 친구 아들이 공부하는 방법

"엄마 친구 수연이 이모 알지? 그 이모 아들 이름이 정민인데, 걔는 항상 일등만 한대. 학원에 보낸 적도 없고, 과외도 시킨 적이 없대. 그런데 알아서 척척 공부를 한다는 거야."

"에이, 거짓말."

"정말이라니까? 이번에도 일등을 했대. 수연이 이모랑 만났다 하면 아들 자랑에 숨이 꼴깍 넘어갈 지경이야. 엄만 특별히 자랑할 게 없으니까 입을 꾹 다물고 듣기만 할 뿐이지."

"흥!"

"자두야, 제발 엄마도 자식 자랑 좀 할 수 있게 해 주라."

엄마가 두 손을 모으며 비는 시늉을 했어. 그 순간, 나는 자존심이 팍 상해 버리고 말았어.

"엄마도 가서 떵떵거리고 자랑해. 우리 자두는 엄청 잘 먹어요 하고 말이야."

"그게 자랑이니? 자랑이야?"

그 후로도 엄마는 툭하면 일등만 한다는 친구 아들에 대한 이야기를 늘어놓았지.

대체 어떤 아이인데 날마다 칭찬만 듣는 거지? 틀림없이 어른들이 보고 있을 땐 예의 바르게 굴고, 어른들이 안 계시면 말썽을 부리는 아이일 거야.

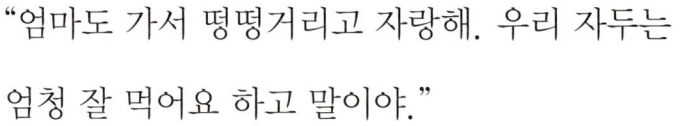

그런데 며칠 뒤, 말로만 듣던 그 아이를 만날 기회가 생겼어. 엄마랑 함께 결혼식장에 갔다가 우연히 마주치게 된 거야.

"어머, 자두야! 많이 컸네."

수연이 이모가 먼저 인사를 했어. 엄마는 주위를 살피더니 하는 수 없다는 표정으로 인사를 건넸지.

"정민아, 안녕? 우리 자두랑은 처음 만나는 거지? 앞으로 사이좋게 지내렴."

순간 나는 픽! 하고 웃음을 터뜨렸지. 엄마가 그토록 자랑을 늘어놓았던 정민이라는 아이는 키도 작은 데다가, 얼굴은 주근깨투성이고, 코는 하늘로 높이 솟은 들창코였지 뭐야. 엄마가 이모와 야야기를 나누느라 정신이 팔린 사이, 나는 정민이에게 다가갔어.

"네가 그렇게 공부를 잘한다며? 항상 일등만 한다는 게 사실이야?"

"꼭 그렇지는 않아. 그래도 일등을 자주하는 편이긴 하지."

"그래? 그럼 넌 어떻게 공부하는데? 공부를 잘하는 비법이 있으면 좀 알려 줘."

정민이는 내게 가까이 오라고 손짓하더니 소곤소곤 귓속말로 이렇게 속삭이는 거 있지.

"난 공부할 때 교과서를 또박또박 소리 내어 읽어."

| 10월 29일 토요일 | 날씨 하늘이 찌뿌드드하게 인상을 쓴 날 |

은희의 성적이 올랐다. 나는 은희가 부러웠다. 어떻게 공부한 거냐고 물었더니 엄청 좋은 학원에 다닌 덕분이라고 했다. 나는 엄마한테 학원에 가고 싶다고 했다. 그랬더니 엄마 친구의 아들은 학원에 다니지 않아도 날마다 일등을 한단다. 도대체 그 아이는 어떻게 공부하는 건지 궁금하다.

참고서를 공부하는 것도 좋은 방법이지만, 교과서에 나와 있는 내용을 잘 익혀야 해.

공부를 잘하려면 학원을 꼭 다녀야 하나요?

보통 성적이 좋은 아이들은 학원에 다니기 때문이라고들 생각하지. 그런데 예습과 복습을 게을리한다면 제아무리 좋은 학원에 다녀도 소용이 없어.

반대로 예습과 복습을 철저하게 할 줄 알면 굳이 학원에 다니지 않아도 좋은 성적을 얻을 수 있단다. 그렇다면 예습과 복습은 어떻게 하는 걸까? 방법은 아주 간단해. 내일 배울 내용과 오늘 배운 내용만큼의 교과서를 소리를 내서 읽고 또 읽고, 또 읽어 보렴.

단, 이때는 그냥 설렁설렁 읽어선 안 돼. 속으로 읽어서도 안 되지. 반드시 소리를 내서 읽어야 해. 가능하면 큰 소리로 읽어 보렴. 꼼꼼하게, 자세하게, 정확하게, 또박또박 읽는 거야. 그러면 한꺼번에 세 번 공부한 효

과를 얻게 된단다. 한 번은 눈으로 공부하고, 또 한 번은 입으로 공부하고, 또 한 번은 귀로 공부하기 때문이지.

단지 교과서만 읽는데 무슨 효과가 있겠나 하는 생각이 들 수도 있어. 하지만 일단 해 봐. 그러면 놀라운 결과를 발견하게 될 거란다. 그건 수많은 참고서나 문제집이 모두 교과서의 내용을 바탕으로 쓰인 것이기 때문이지.

교과서 속에는 공부에 꼭 필요한 원리와 개념이 자세하게 정리되어 있어. 학습지는 교과서 공부를 좀 더 잘하기 위해서 만든 것일 뿐이란다. 학원에서 하는 수업도 마찬가지야. 교과서의 내용을 좀 더 알차고 쉽게 설명해 주는 것일 뿐이야.

경제를 놀이처럼 쉽고 재미있게!
스마트한 세 살 경제 습관이 여든 간다!

아빠가 알려 주는 경제 이야기

부자가 되고 싶다고요?
자유롭게 돈을 쓰면서 살고 싶다고요?
《태토의 부자 되는 시간》에는
부자가 되는 비밀이 들어 있어요!
똑똑한 경제 동화가 미래의 나를
부자로 만들어 줄 거예요!

어른도 아이도 재미있는 경제보드게임
미래의 부자를 꿈꾸며 재미있는 게임 한 판!

태토의 부자 되는 시간
경제 보드게임

신비아파트 학습 보드게임

카드 게임도 하고
속담, 고사성어, 국기도 익히고!

www.haksanpub.co.kr (주)학산문화사 문의 02-828-8962